AF599906

GRAFFITI

POESÍA

HUERGA & FIERRO EDITORES

HUERGA Y FIERRO EDITORES, S. L. U.
C/ SEBASTIÁN HERRERA, 9
28012 MADRID (ESPAÑA)
TELÉFONO: 91 467 63 61
E. MAIL: huerga@huergayfierro.com
WEB: www.huergayfierro.com

PRIMERA EDICIÓN
2025

DISEÑO DE ÁNGEL LUIS VIGARAY

DEPÓSITO LEGAL: M-24229-2025 — I. S. B. N: 979-13-990934-8-3
IMPRESO EN ROMADAC Industria del Libro.
IMPRESO EN ESPAÑA

CONSTANCIA DE LO IDÉNTICO

Javier Olalde

CONSTANCIA DE LO IDÉNTICO

JAVIER OLALDE

GRAFFITI

HUERGA & FIERRO EDITORES

Protagonizamos el eterno retorno de lo mismo dado que somos gente semejante en tiempos sucesivos. Aunque tendemos a olvidarlo por nuestro común solipsismo de individuos que imaginan que el mundo existe primordialmente porque existen ellos.

J. O., *Extravagancia infinita*

CONDICIÓN NATURAL

ETERNIDAD EN CURSO

Nos preguntamos
y otros, en innumerables universos paralelos y sucesivos,
se preguntan
por qué existe algo y no nada,
por qué de ti, eternidad creadora, nace la luz
y la palabra que te alude y desvela tu condición
excéntrica y fecunda,
eternidad en curso en vez de nada.

Y también la sorpresa de que existes
y nosotros contigo,
y que este ser sea el único propósito,
todo el significado tuyo y nuestro,
criaturas de un planeta de una galaxia de un universo
innominado
sin más fin ni propuesta que esta eventual tarea de vivirse.

Simios inteligentes y arrogantes
en marcha.

NATURALEZA VIVA

Muestran las hojas su proceder de hojas
y vigila el leopardo en la rama más alta,
        fiel a su instinto.
El árbol, impertérrito.

Oculto en la colina, el hombre de la lanza
        concibe estratagemas.

OFICIO

El castor conoce su oficio de castor
y conoce su oficio de vuelo la oropéndola,
y conoce el murciélago su oficio de negruras,
y su oficio de mares conoce la marsopa.
Pero él se hace preguntas, trama, opina,
confía o descree, asume y se acostumbra
a ejercitar su oficio de vivo transitorio,
igual que la marsopa y el murciélago,
lo mismo que el castor y la oropéndola.

DESCONCERTADO

Desconcertado,
al borde del tiempo y de la espera,
desconcertado pero no confundido,
no ajeno a la verdad de furia y calma,
de instinto y reflexión,
de vida y muerte.

Desconcertado y lúcido
espectador del pasmo de estar siendo
protagonista de sí mismo
y uno más mientras tanto.

NUBES Y HOMBRE

1

Nubes.

Varias,
dispares,
transitorias.

Gente
casi.

2

En el paseo solitario, el hombre
recorre el breve trecho de una mirada fortuita.

En la ventana, el rostro
vuelve la mirada hacia las nubes.

SERES TEMPORALES

A vista de dolor o de entusiasmo, de rutina o etcétera,
el día despliega sus múltiples disfraces,
distrayéndonos.

Vas hilvanando el tiempo, tu espacio,
tu devenir de tiempo,
pespunteándolo,
remendándolo a veces.

Eres/somos de la sustancia huidiza de los días:
tiempo contado.

EN DÍAS MACILENTOS

En días macilentos
nada ocurre que no suceda permanentemente,
pero conoces cuáles son los tuyos
aunque no tengan cita previa.

Y así va transcurriendo.

Y NO HUBO NADA

miró al soslayo, fuese, y no hubo nada.
M. de Cervantes

Ensimismado,
giraba en torno,
alrededor del límite.

Había nacido para existir,
para morir por último
a pesar del instinto,
como la nutria y el baobab,
exactamente igual que la mañana.

Llegado aquí, tuvo memoria de algo,
consultó la hora, acicaló el semblante,
se levantó y se fue.

CAUTO CELEBRAS

Cauto celebras,
leve,
salvo la opaca luz que antecede a la lluvia
y la mirada en la que ocurre
el fluctuar de las ramas.

Y es suficiente aún
ese exiguo contento.

EN PAZ

Esa paz y la quietud del día
entre las grises humedades de marzo
y gente que camina bajo las ramas deshojadas
        y escuetas
junto al fluir intermitente de los coches.

Y ese silencio generoso que escuchas
tras los cristales insonorizados,
recostado en el sillón de orejas, complacido
        y benévolo
como si hubieras muerto y lo soñases.

ALBEDRÍO

Eres libre cumpliendo tu destino,
mas lo cumples.

EL IMPALA

Aquella luz aún torpe en la mirada
y la afilada atmósfera del amanecer
no presagiaban sino otro día
habitual o infrecuente,
favorable o terrible.

Y el impala se dispuso a seguir a los babuinos.

ACABAMIENTO

Te estás acostumbrando a ser el que eres
casi sin darte cuenta.

"Entonces —piensas— era un ingenuo,
un insensato.
Fue mejor así".

Día a día vas siendo más el que eres.

IDIOSINCRASIA

Después descubres que todo lo importante,
aquello que de verdad importa a cada uno,
es uno mismo y sus circunstancias.

MULTITUD

Ellos y ellas caminan,
vienen de más allá de la memoria
para instalarse por un momento en la mirada
y regresar.

LINAJE

Después de ti
habitarán el mundo otros
que tal.

FRAGMENTO DEL PSEUDO-BAQUÍLIDES

Vendrán días en tu busca
para guiarte hacia la suerte destinada por la Moira.

Templa tu ánimo, pues,
y acógete al vuelo seductor de la alada esperanza,
porque inmutable es el designio de Láquesis, la de la áurea
diadema.

IMPULSO

Constante es la esperanza y su embeleco.

No quieres vivir avecindado en desventura
ni que te asistan ángeles caídos.
De ti únicamente esperarías el tiempo dócil
que fluye sin zozobra ni sospechas.

Tú y tus deseos bienhechores y arcaicos
como los restos de los neandertales.

Constante es el instinto que te impulsa.

REINCIDENCIA

INCORREGIBLE

Incorregible reincidencia.

Habremos sido como los que fueron
y serán los que lleguen.

Y era idéntico para los alciones de amplias alas,
los membrillos, los pámpanos y el suave laurel
que Íbico de Regio cantaba en el espléndido palacio
        del tirano Polícrates
en la escarpada Samos.

EN CAMINO

Figuras, figurantes, siluetas transeúntes,
casi figuraciones.

Una comitiva renovada,
una contienda de argumentos,
un cardumen de historias reincidentes.

Gente en camino.

LA MISMA GUERRA

1

Todas las guerras son la misma guerra
y la canción de amor siempre es la misma.

Constancia de lo idéntico.

2

El repertorio se repite:
bienvenida, pubertad, matrimonio,
senectud, muerte.
Ritos de transición.
De paso.

3

Por más que atiendas, el sol
asoma siempre por el este

y nosotros, negarlo es impostura,
fuimos siempre los mismos bajo el sol.

4

Será en vano decir/deciros
del duelo o de la intrépida y voluble esperanza,
del tiempo riguroso
y del amor y sus furores.

Mas nada diferente conoceremos
mientras no cierre el último la puerta.

5

Todo al fin venía a ser lo mismo
aproximadamente.

¿Qué cabía esperar?

EL HOMBRE NUEVO

No dejarás de ser el hombre nuevo,
el hombre nuevo sucesivo,
el más flamante,
el que vuelve consecutivamente a querer todo,
a descubrirlo y reestrenarlo todo,
el que cree ser el centro de todo lo que existe,
el inquilino más reciente,
el último, el que cierra la fila
por ahora.

SIN SOBRESALTOS

El sol en marcha,
a ras de suelo,
ciega los ojos.

Alguien nace,
alguien muere,
alguien ríe.

La hora transcurre
sin sobresaltos.

FUTURO REALIZABLE

Ellos preguntan, quieren saber,
muestran sus inquietudes y su ánimo,
son jóvenes,
son el proyecto del futuro,
la reiterada historia,
el único futuro realizable.

AL CABO

Los días, al cabo, transcurren con la cadencia temporal
acostumbrada
o, según para quién, más deprisa o más lentos.

Nada en realidad que no suceda siempre.

A su vez, las fiestas, espectáculos, bodas y onomásticas,
gozan de aprecio unánime.
Y las estadísticas de los suicidios no decaen tampoco.

Nacen los niños entretanto.

NIÑO

Todo estaba allí, tras la puerta del día y de los años,
pero el niño, igual que un dios excelso,
jugaba venturoso.

Al fin traspasaría la puerta
para ser otro más en la deriva.

RUTA

Todo está al caer,
cayendo se diría,
lo más crecido incluso,
desde el albor primero.

Del ser hasta el no-ser
y viceversa:
la ruta imperturbable.

FUTURO CONTINUO

Nadie sabe
si tú, si yo, si nunca, si tal vez.

Mas luego ocurre
y vuelve todo a comenzar.

UNA CIRCUNSTANCIA REINCIDENTE

Allí sigue la casa sin memoria,
piedra sobre piedra,
bajo cielos iguales a los que fueron tuyos
y gente en las ventanas
frente al mismo paisaje de la calle,
ahora sin ti.

Después vendrá otra gente con su historia
que habitará la casa detenida
frente al acostumbrado panorama de la vieja calle
y la vida continuará siendo una circunstancia reincidente.

COMPAÑEROS DE VIAJE

ALBUR

En algún lugar de las circunstancias
eres un yo, fortuito
como la marsopa o el sicómoro.

El dios juega a los dados.

LA VERDAD

1

Eres tu verdad,
una verdad entre miles de millones de verdades
tan ciertas como la tuya para ti,
que no te importan.

2

No siempre te encuentras entre tus verdades.
Aquello que crees saber de ti no es todo
ni es exacto.

3

Nosotros mentimos,
el recuerdo miente.

Entretanto, impávida, la vida continúa su curso.

PAX ROMANA

No te diré de nadie ni de nada,
ni aun de por qué o de dónde.

No te diré
y podremos continuar saludándonos a diario
sin amor y sin odio.

CONSTATACIÓN

Me fui haciendo a sentimientos tuyos,
a manías y palabras tuyas,
me acostumbré a la marcha de tu paso,
incluso a tu egoísmo y tus miserias.

Y ahora que soy idéntico a ti en todo
sigo siendo el de siempre.

CANCELACIÓN ADVERSATIVA

Cancelo el desencanto y la evidencia:

vivir resulta una circunstancia singular
y portentosa.

Mas, pero, aunque, sin embargo…

CITA LIBRE BIS

Aclaradas las cuentas,
éramos personajes debutantes
en busca de una historia bajo el sol
antes de fallecer de muerte propia.

Lo demás, el relato que nada significa,
dice Macbeth.

ONTOLOGÍA BREVE 2

No el viaje, sino llegar a Ítaca
lamentas:
la abreviada aventura del camino.

El ser demanda ser.

RAZÓN SUFICIENTE

Estoy por no decirte que el último tren ya ha pasado
y que estás esperando inútilmente
en el apeadero recalcitrante y vano de tu ilusión,
donde el último tren no se detendrá nunca
porque no has sido llamado a nada más
que a ser tú mismo,
ese que eres y vas a seguir siendo
mientras dure.

Y que no empeore.

DUDOSA PRETENSIÓN

Dudosa pretensión el recuerdo;
ese apurar el surco con la ropa vetusta
y los ojos opacos del que regresa al tiempo vencido
        y nebuloso:
glosa intachable de la compostura fraudulenta
y la imposible reposición.

¿En dónde la verdad que nos incluye?
¿Cómo, pues, recobrarla?

Mas reincidimos en el desmemoriado simulacro
con la confianza absurda de ser otros.

HUERO

¿Cuándo,
qué claridad de aurora nos redime,
si cabe tal prodigio?

Volátil,
huero decir de las metáforas:

Clama el silencio en vano.

ENIGMA

Soy yo, tú, ella, él.

Me multiplico en los pronombres
y en los criterios divergentes:

dicen, digo de mí.

Tal vez soy, después de todo, una copia improbable,
incluso un plagio.

VAE VICTIS

1

Cómo ignorar la desventura,
tanto infortunio,
el sinfín de la infamia,
la adversidad irredimible,
la impotencia.

2

Y nada queda,
sensato es advertirlo,
pero estéril, superfluo:
no cabe redención para las víctimas.

3

En su trono, afligido,
el dios se duele (si eso fuera posible).

IMPREVISIBLE

Acaba siendo el día menos pensado
cuando ocurre.

Y sucedió, pero no estaba allí.

BUCLE

Demasiado sol y demasiada lluvia
sobre/para los solos.

Mas no menguan inviernos ni veranos,
ni quebrantan los solos su costumbre:
el hábito de andar en soledad consigo
sin más excusas ni mejores razones.

O puede ser que demasiados solos
bajo/para el sol y la lluvia.

AJENIDAD

No el tórrido barniz sobre la piel del día,
acicalada por un retal de viento que cimbrea vagamente
los combados penachos de las palmeras
y las esbeltas ramas de los eucaliptos,
sino el hombre que pasa bajo la denodada pleamar del sol
y que no será nunca amigo ni adversario.

Condición de lo otro, del otro, intransitable
ajenidad.

INEXISTENCIA

No has de existir en parte alguna,
tú nunca has de morir
porque no habrás nacido para tu desgracia
ni para tu suerte.

¿Por qué habrías de nacer?

NO SABES

Se hace difícil elegir adjetivo
para este simple frío, esta tristeza sin motivo.
WALLACE STEVENS

No sabes qué pensar de esa tristeza
repentina y pródiga.

Esa hostil pesadumbre
que trastorna la luz y te enmaraña,
aturdiéndote,
infiltrándose por todas las fisuras de tu ánimo.

Desdicha sin anuncio ni materia,
devastación sin más.

REVELACIÓN

En qué momento, si es que hubo algún momento
y no una taciturna y paulatina revelación,
tuviste esa certeza de haber tocado fondo,
de conocer cuál era la estatura y cuál la urdimbre
        de los sentimientos y las razones que manejas,
y de aceptarte tal como eres:
un personaje sin demasiada convicción, casi por rutina,
uno más, otro.

VARIACIÓN SOBRE ÁLVARO DE CAMPOS

Graves y ridículos,
tan ridículos
como los que no han escrito nunca cartas de amor
cuando se escribían cartas de amor.

Ridículos y espantables
también,
por naturaleza.

ESQUIRLAS REPENTINAS

De ti tan solo una breve esquirla repentina
que resurge un momento
y que regresa categórica a ese lugar inadvertido
donde se alojan gentes que acompañaron nuestras vidas,
ahora al arbitrio de la memoria titubeante de otros
a los que alguna vez ellos y ellas también rememoran
fugazmente.

TE PLANTAS EN LA ESQUINA

Te plantas en la esquina de tus besos
ofreciéndote.

Hueles a sombra en vela,
a día sin gana.

Delación del quebranto.

Soledad.

TRAMPANTOJO

Le acompaña,
se conserva flamante en su memoria
desde aquel día
el recuerdo indeleble de lo que no fue nunca.

METAMORFOSIS

Imprecisas palabras.

En esto habrán quedado
los que fueran momentos insustituibles,
las certidumbres categóricas,
lo que fuese la vida a borbotones,
sin reparos, cuando éramos magníficos
y aún tenía coartada el universo.

Secuencias desvaídas.

EMPAREDADO

Aquel hombre era feliz
emparedado entre dos nadas.

COYUNTURAL

Ahora, en algún lugar de las circunstancias,
puede ocurrir todo lo que imagines.

Y tú tampoco estás a salvo.

COMPAÑEROS DE VIAJE

Somos compañeros de viaje
y nunca más.

MORADAS ÍNTIMAS

MEMORIA ESQUIVA

1

Indecisión de la presencia:
duda el recuerdo.
Y tú vienes y vas sobre la cuerda floja de la memoria esquiva
sin solución. Nadie te ha dicho.

Él o ella desanda al cabo la nostalgia
para volver a julio
y a la luz incendiaria de la tarde envolvente.
Pero tú nada sabes.

Y se aduerme la hora, que acampa en el bochorno haragán
del verano,
cerca de las adelfas y el fucsia esclarecido de las buganvillas.

2

Él o ella —tiempo sobrepasado para siempre—
acoge todavía esa a veces nostalgia ineludible
    de los momentos cómplices
y la memoria dúctil que enmascara y redime
    las pasiones que fueron.

Mas desconoces esos reencuentros esporádicos
con él o ella, mirándoos a los ojos en secuencias inmóviles
y mundos paralelos donde aún todo parece ser ahora
    y posible.

Pero tampoco él o ella tiene noticia de tu inequívoca
    nostalgia
e ignora que también sigue a veces el camino que trae
    a tus moradas íntimas.

COMÚN

Viento de nadie perturbando
el mínimo universo de las ramas desnudas
en las orillas de la calle, sombrías ahora y despobladas
bajo el atardecer velado del invierno.

Al final de la calle, donde la ciudad se prolonga
        en barriadas y gente,
alguien, en el último banco de la acera, está pensando
        en ti,
y esto pasa completamente desapercibido.

Cree haberse equivocado abandonándote.

CIRCUNSTANCIAS

Bajo el paraguas, ella
desanuda los lazos del recuerdo
para olvidarle.

A última hora escampó el día
tedioso de la lluvia
y él continuó pensando en ella.

INCOGNOSCIBLE

Haber sido mamut lanudo alguna vez
o nenúfar
o amante suyo en aquel tiempo
y no creer en las reencarnaciones.

LA ARREBATADA HISTORIA

1

—No habrá otra verdad mayor que tú —le prometió.
Pero, luego, se acostumbró a vivir en la mentira.

2

La arrebatada historia
se hizo recuerdo en cada uno de ellos
y, al final, se convirtió en memoria de nadie.

EPÍLOGO

Depositaste el beso escaso y gélido
sobre la frente del flamante cadáver
del extinto amor,
y le diste la espalda.

PROMESA

—Escúchame: te amo —le decía
don Juan.

"Mañana procuraré recordarte —piensa—.
En el amor de cada día
pongo un sentimiento de eternidad sincero".

MUCHACHA ANÓNIMA

Llegaba, puede, de lejanías al norte
y hoscos inviernos.

Muchacha anónima.

Rumoreaba en sus ojos el calmo mar
varado en la escollera.

CALLES

1

Por las calles de Riga
se derramaba el ámbar eslavo de su pelo.

Una nevada de resina en julio.

2

Conservo ese momento
de su espalda alejándose,
la fluctuación pajiza de la breve melena,
una silueta al fondo de mis ojos
bajo la rezagada claridad del ocaso
llevándose con ella su mundo y mi mirada
hacia la cara oculta de la luna.

FATALIDAD

Tan sencillo como no ver caer el árbol que te aplasta
mientras piensas en la felicidad de haberos conocido
y en recorrer su piel con la cauta vehemencia
        de los descubrimientos.

Fortuito y súbito, aunque no sospechases
que tal fatalidad te pudiera ocurrir precisamente a ti.

Él/ella todavía no consigue aceptarlo.

TIEMPO DE ROSAS

Aquellas horas de aquel tiempo de rosas
tendrán quien las recuerde mientras viva.

Pero se acabarán desvaneciendo
y no habrá nadie que derrame unas lágrimas por ellas.

ENTREMEDIAS

Entremedias,
solo un retal de recuerdo destejido nos guarda,
que se aburre entre la ropa vieja del armario.

EN LOS CONFINES

EN LOS CONFINES

Vive donde el territorio final de la esperanza,
en los confines últimos del tiempo y la memoria,
y sabe que es superflua la aflicción o el enojo
mientras sestea a ratos frente a la pantalla
        del televisor.

"Todo se desmorona", piensa un instante, soñoliento,
y vuelve a adormecerse.

TIEMPO PARA ESCOLARES

1

Antes existía el tiempo infinitamente.

Mas no existía el tiempo del universo
porque el universo no existía.

Después dejaron de existir
el universo y el tiempo del universo.

El tiempo siguió existiendo infinitamente.

2

Es ahora.
Y antes era ahora.
Y luego.

El tiempo es un ahora en curso,
un ahora continuo,
y todo va ocurriendo en este ahora
en el que somos interinamente.

3

Recordarás el tiempo de aquel ahora
cuando estábamos todos
y pasarás la antorcha en la que al cabo,
ahora tras ahora, acabaremos consumiéndonos.

4

Saber/sabernos del color transparente
del espacio vacío tras el humo.

Aquí y ahora.

DESMEMORIA

Escasamente, o menos todavía, coincidimos
donde la periferia del recuerdo.

Todo, absolutamente todo
lo que te importa y atestigua,
estaba en tu memoria

entonces.

EN AQUEL TIEMPO

Pues descansas a veces, te sientas a la orilla del camino,
bajo el techado amable de las frondas,
recogido en ti mismo, absorto en ser un cuerpo,
unos sentidos, unas estimas, unas cavilaciones,
un espacio y una coyuntura, una sentencia conocida,
abismado en ser.

Luego regresas al azar del camino y la esperanza,
tu habitual compañera.

En aquel tiempo todavía estabas vivo.

LONGEVO

Se fue quedando en la melancolía de haber sido,
íntimamente solo,
habitado por muertos,
turbio recuerdo apolillado para monólogos recalcitrantes
y sin audiencia,
exiguo ahora,
nadie en ciernes.

CITA Y ESTRAMBOTE

Acaso todo esto no es más que un sueño
del cual despertaremos.
ANDRÉ GIDE

Para morir.

NO ESCAMPA

Temeroso, ha quitado todos los espejos
y no celebra los cumpleaños,
ni sabe en qué día vive.

Mas el tiempo continúa afilando su cuchillo
sin conmoverse.

EXTRAVÍO

Tanto se internó en sí mismo
que acabó perdiéndose de vista
y no supo cómo regresar.

ESTEREOTIPO

Después
vamos abandonando afán y pertenencias,
abismándonos en pasados extintos,
dimitiendo de futuros impropios,
regresando al origen,
ceniza a la ceniza,
polvo al polvo,
nada nuevamente.

Definitivo estereotipo.

ERA TODO

Fuimos tantos y tanto hasta no ser
sino tiempo ocurrido bajo cielos cambiantes
mientras era posible
sin más razón que ser.

¿Para qué otros juicios y discursos
si fue todo?
Era todo.

CITA Y ESTRAMBOTE 2

O por toda memoria [...].
Nada.
De ser posible, nada.
J. Á. VALENTE

Será nada.

TRÁNSITO SÚBITO

Entre el trazo inacabado de la o
y el repentino descenso de la caída
no llegó a reparar en su recién inaugurada condición
de difunto.

Después, tampoco.

COMPENDIO

1

Finalmente todo era
nadar en la corriente del río y, luego, hundirse.
Y comprender que eso sería todo,
sin aceptarlo.

2

Aquello,
si hubo tal vez fortuna o riguroso instinto,
fue hermoso o meramente practicable
mientras duró.

CUMPLIDA TRANSPARENCIA

Toda esa gente, toda,
en nunca más. Cumplida transparencia
donde vamos llegando.

ÚLTIMA SECUENCIA

… luego resbalas por la cuesta abajo
sin que nadie ni nada pueda detenerte,
hasta que, sobreimpresionada en la imagen
o sobre un fondo negro, aparece la palabra FIN.

CORDURA

El último caballero andante
comprendió al fin
que nunca tuvo una oportunidad.

COLOFÓN

No hagas el último esfuerzo de mirar adelante,
no verás nada.

ÍNDICE

CONDICIÓN NATURAL

REINCIDENCIA

COMPAÑEROS DE VIAJE

MORADAS ÍNTIMAS

EN LOS CONFINES

Esta obra
se acabó de imprimir
con los auspicios de
Charo Fierro y
Antonio J. Huerga, editores

FINIS CORONAT OPUS